MARGED
Arwres Eryri

'dd
·edd

Argraffiad cyntaf: Ionawr 2010

Rhif Llyfr Safonol Rhyngwladol:
978-1-84527-267-8

Cynllun clawr: Adran Ddylunio Cyngor Llyfrau Cymru
Lluniau clawr/tu mewn: Giles Greenfield

Cyhoeddir dan gynllun comisiwn
Cyngor Llyfrau Cymru

Cyhoeddwyd gan Wasg Carreg Gwalch,
12 Iard yr Orsaf, Llanrwst, Dyffryn Conwy, LL26 0EH.
Ffôn: 1492 642031
Ffacs: 01492 641502
Ebost: llyfrau@carreg-gwalch.com
Lle ar y we: www.carreg-gwalch.com

Merched Cymru

2

Marged

Arwres Eryri

Siân Lewis

Darluniwyd gan Giles Greenfield

Roedd eisiau bwyd ar Jac Mawr. Ar ôl diwrnod caled o waith yng ngwaith copr Llanberis, roedd e bron â llwgu. Llyfodd ei wefusau'n awchus wrth frysio tuag at ei fwthyn ar lan Llyn Padarn.

Y bore hwnnw roedd Jac wedi gadael darn o gig moch i ffrwtian ar y tân. Yn syth ar ôl cyrraedd adre, aeth i dynnu'r cig o'r dŵr a'i roi ar blât. Mmm! Allai o ddim aros i'w flasu. Rhwygodd ddarn bach ohono, ei wthio i'w geg a'i deimlo'n toddi ar ei dafod wrth iddo fynd at y llyn i olchi'r llwch o'i wallt a'i farf.

Roedd hi'n noson fwyn o haf. Ar ei ffordd yn ôl i'r bwthyn, rhwbiodd Jac ei fol a snwffian yr arogl hyfryd oedd yn nofio tuag ato. Arogl i dynnu dŵr o'r dannedd! Â gwên fawr ar ei wyneb, safodd ar garreg y drws a chymryd anadl ddofn.

Ar ganol yr anadl, tagodd Jac dros y lle i gyd. Oedd o'n breuddwydio? Oedd o'n cael hunlle? Roedd ei blât yn dal ar ganol y bwrdd, ond ble roedd y cig? Doedd dim sôn amdano. Heblaw am ddiferyn o saim roedd ei swper wedi diflannu'n llwyr.

"Ble mae 'nghig i?" crawciodd, gan faglu'i ffordd at y bwrdd a gafael yn y plât gwag. "Ble mae 'nghig i?"

Rhedodd y diferyn o saim dros ymyl y plât a dripian ar y llawr pridd. Wrth lyfu'i fysedd, sylwodd Jac ar lwybr o ddiferion yn arwain at y drws.

"Mae rhywun wedi dwyn y cig!" hisiodd, a'i wyneb yn troi'n biws. "Fe daga i o, pwy bynnag ydi o." Gollyngodd y plât, ac allan ag o ar ei union.

Roedd y llwybr diferion yn arwain heibio i dalcen y bwthyn. Stelciodd Jac ar hyd-ddo nes cyrraedd yr ardd lysiau yn y cefn.

Yno clywodd sŵn.

Sŵn cnoi hapus.

Yng nghanol y llysiau gwelodd gynffon.

Cynffon sionc, hapus.

O ganol y llysiau cododd pen daeargi. Yn hongian o'i geg roedd darn mawr blasus o gig moch.

"AAAAAA!" Cyn i'r ci godi'i glustiau a chael cyfle i ddianc, roedd Jac wedi neidio tuag ato a'i ddwylo mawr wedi cau am ei wddw. Cyn pen dim roedd corff llipa'r ci bach yn hedfan drwy'r awyr ac yn disgyn i ddyfroedd Llyn Padarn.

"Dyna be ti'n gael, y lleidr digywilydd!" rhuodd Jac, gan ysgwyd ei ddwrn. Roedd tymer wyllt gan Jac, ac roedd o'n hoff iawn o gwffio. Roedd yn well ganddo gwffio na bwyta hyd yn oed, felly lledodd gwên fodlon dros ei wyneb wrth iddo droi'n ôl at y tŷ.

Ond fyddai Jac ddim wedi gwenu mor hapus petai o'n gwybod pwy oedd yn dod i'w gyfeiriad y munud hwnnw. Marged ferch Ifan! Roedd enw Marged yn ddigon i ddychryn y dyn dewraf. Marged oedd biau'r daeargi. Roedd hi'n chwilio ym mhobman am ei chi bach, ac yn nesáu at fwthyn Jac gam wrth gam.

Roedd Marged yn ferch ryfeddol o dal a chryf. Ganwyd hi ar fferm yn Nyffryn Nantlle yn 1696. Roedd ganddi ddwylo fel rhofiau. Roedd hi'n hoffi reslo ac yn gallu taflu dynion hanner ei hoedran i'r llawr. Dim rhyfedd, felly, fod pobl yn ei hofni. Dim rhyfedd chwaith fod pobl yn dod o bell ac agos i gael cip ar y ferch hynod hon. Un o'r bobl

hynny oedd yr awdur Thomas Pennant.

Cadw tafarn o'r enw y Telyrniau oedd Marged ferch Ifan pan glywodd Thomas Pennant amdani gyntaf. Hon oedd y dafarn dawelaf yng Nghymru, mae'n siŵr. Mwynwyr o waith copr Drws-y-Coed oedd y mwyafrif o'r cwsmeriaid, ac er eu bod nhw'n ddynion cryf a gwydn, feiddien nhw ddim camfihafio yn y Telyrniau. Os oedd 'na ormod o stŵr, fyddai Marged ddim chwinc yn eu taflu allan.

"Paid ti â meiddio dangos dy drwyn fan'ma nes i ti gallio!" bloeddiai Marged, gan daflu'r dynion drwy'r drws, weithiau cymaint â chwech ar y tro.

Roedd ei bloedd yn gwneud i bawb grynu yn nhraed eu sanau, a doedd neb yn crynu'n fwy na gŵr Marged, llipryn bach o ddyn o'r enw Richard Morris. Yn ôl y sôn, fe gafodd Richard ddwy gweir gan Marged. Ar ôl y gweir gyntaf, fe addawodd ei phriodi. Ar ôl yr ail, fe roddodd y gorau i yfed.

Fe wnaeth Marged argraff arbennig ar Thomas Pennant. Roedd hi'n ei atgoffa o ferched dewr y Brythoniaid. Ond doedd pawb ddim mor edmygus ohoni. Yn y penillion sy'n dilyn, mae'r bardd yn gwneud hwyl am ben Marged ach Ifan. (Ystyr 'ach' yw 'merch'.) Mae'n ei galw'n 'Marged fwyn', er nad oedd hi'n fwyn o gwbl.

> Mae gan Marged fwyn ach Ifan
> Glocsen fawr a chlocsen fechan,
> Un i gicio'r cŵn o'r gornel
> A'r llall i gicio'r gŵr i gythrel.

11

Mae gan Marged fwyn ach Ifan
Grafanc fawr a chrafanc fechan,
Un i dynnu'r cŵn o'r gongol
A'r llall i dorri esgyrn pobol.

Os yw'r penillion yn wir, doedd Marged ddim yn haeddu cael ei hedmygu. Eto i gyd, rydyn ni'n dal i gofio amdani heddiw ac yn cynnwys ei henw mewn llyfrau, ymysg enwogion y byd.

Rydyn ni'n ei chofio am fod yna agwedd arall ar gymeriad Marged. Oedd, roedd hi'n fawr ac yn gryf, ac efallai'n dipyn o fwli ar adegau, ond roedd hi hefyd yn defnyddio'i chryfder mewn ffyrdd arbennig iawn.

Yn ystod oes Marged, doedd yna ddim siopau fel sy ganddon ni heddiw. Yn hytrach, ym mhob ardal, roedd yna grefftwyr medrus.

Bryd hynny, os oeddech chi am bâr o esgidiau, roeddech chi'n mynd at y crydd. Os oeddech chi am ddarn o ddefnydd, roeddech chi'n mynd at y gwehydd. Os oeddech chi am fwrdd neu gadair, roeddech chi'n mynd at y saer.

Ond nid felly Marged.

Os oedd Marged am bâr o esgidiau cryf i roi am ei thraed enfawr, roedd hi'n torri'r lledr, yn pwytho a hoelio, ac yn eu gwneud nhw ei hunan. Os oedd hi am frethyn, roedd hi'n cneifio'r defaid, yn nyddu'r gwlân, ac yn gwehyddu. Os oedd hi am bedoli'r ceffyl, doedd hi ddim yn mynd at y gof. Roedd hi'n ddigon cryf i bedoli ei cheffyl ei hun. Ac os oedd hi am gael telyn, oedd hi'n mynd at y saer neu'r telynor? Ddim o gwbl! Roedd Marged ferch Ifan yn gwneud ei thelyn ei hunan.

Pam fyddai clamp o reslwr fel Marged eisiau telyn? Yn rhyfedd iawn, roedd y reslwr ffyrnig hefyd yn gantores swynol ac roedd y bysedd mawr cryf oedd yn hoelio a phedoli, yn gallu dawnsio'n ysgafn iawn dros dannau'r delyn. Gallai Marged chwarae'r ffidil yn ogystal. (Dyfalwch pwy oedd wedi gwneud y ffidil!) Roedd hi'n gerddor talentog a allai chwarae pob math o ganeuon gwerin. Roedd hi'n cyfansoddi ei chaneuon ei hunan, y tonau a'r geiriau. Hi, o bosib, a gyfansoddodd yr alaw adnabyddus 'Merch Megan'.

Ar ddiwrnodau heulog byddai Marged i'w gweld o flaen y dafarn, yn canu'r delyn neu'r ffidil, a'i chwsmeriaid yn dawnsio o'i chwmpas. Roedd Richard ei gŵr yn delynor hefyd, ac yn ôl y pennill hwn, roedd o hyd yn oed yn mwynhau miwsig ei wraig!

> Mae gan Marged fwyn ach Ifan
> Delyn fawr a thelyn fechan;
> Un i ganu yng Nghaernarfon,
> A'r llall i gadw'r gŵr yn fodlon.

Er mor dalentog a difyr oedd Marged, fe gaeodd tafarn y Telyrniau. Am gyfnod roedd y gwaith yn Nrws-y-coed wedi dod i ben, a bu'n rhaid i'r mwynwyr hel eu pac. Symud fu hanes Marged a Richard hefyd. Fe aethon nhw i droed yr Wyddfa a gwneud eu cartref ym Mhen Llyn, ger pentref bach Cwm-y-glo yn ymyl Llanberis.

Safai cartref newydd Marged ar lan Llyn Padarn, ac ar y llyn hwnnw, a Llyn Peris yn ymyl, fe gychwynnodd hi ar

yrfa newydd sbon. Doedd Marged ddim yn un i laesu dwylo. Yn lle cadw tafarn, fe aeth i rwyfo cwch oedd yn cludo mwyn o waith copr Llanberis. Am fod y ffyrdd mor wael, câi'r copr ei gludo i lawr y mynydd ar gefn poni, ac yna'i lwytho i gwch a'i gludo ar draws y llynnoedd.

Pwy adeiladodd y cwch? Marged ei hun, wrth gwrs. Roedd ganddi ddigon o allu a digon o nerth, yn doedd? Cafodd cwch tebyg i un Marged ei achub o ddyfroedd Llyn Padarn rai blynyddoedd yn ôl, a'i roi yn Amgueddfa Lechi Llanberis.

Marged oedd 'Brenhines y Llynnoedd'. Ddydd ar ôl dydd byddai'n rhwyfo ar draws y llyn gyda'i llwyth o fwyn copr. Roedd rhwyfo'n magu breichiau cryf, a dyna un rheswm pam yr oedd Marged yn reslwr mor dda. Roedd gan Marged forwyn oedd bron mor gryf â hi ei hun, a'r forwyn honno fyddai'n ei helpu i rwyfo. Bu'r ddwy'n rhwyfo gyda'i gilydd am ddeugain mlynedd, nes bu farw'r forwyn yn 1786.

Weithiau byddai Marged yn mynd â theithwyr am dro ar y llyn. Un tro fe aeth â gŵr bonheddig lleol o'r enw Mr Smith. *Ha! meddyliodd Mr Smith. Am stori dda! Fe ddweda i wrth fy ffrindiau fy mod i wedi mentro allan i'r llyn efo cawres, a 'mod i wedi plannu cusan ar ei boch!*

Eisteddodd Mr Smith yn mhen blaen y cwch, gyda gwên fach slei ar ei wyneb. Arhosodd nes i Marged rwyfo i ganol y llyn, yna fe estynnodd tuag ati, gwneud siâp cusan a . . .

SLAP!

Cyn i wefusau Mr Smith lanio ar foch Marged, roedd llaw gref wedi cydio yng nghefn ei siaced a'i godi i'r awyr.

Gyda SBLASH! enfawr, fe ddisgynnodd Mr Smith i ddyfroedd oer Llyn Padarn.

Allai'r creadur ddim nofio.

"Help! Help!" gwaeddodd, gan grafangu am ochrau'r cwch. "Achub fi! Achub fi!"

"Rho gini i mi, ac fe achuba i di," mynnodd Marged.

"Dwi'n addo! Dwi'n addo!" gwaeddodd Mr Smith.

Gafaelodd y llaw fawr yn ei siaced a'i lusgo'n ôl i'r cwch.

Ar ôl talu'r gini, aeth Mr Smith adre ar ras. Wnaeth o ddim dweud gair wrth ei ffrindiau, ond fe aeth yr hanes ar led serch hynny. Roedd dwsinau o bobl wedi gweld y sioe o'r lan, ac wedi cael modd i fyw.

Roedd yna un teithiwr arall – un llawer mwy clên na Mr Smith – oedd yn aml yn cadw cwmni i Marged yn ei chwch. Ianto'r daeargi oedd hwnnw. Roedd Marged yn hoffi mynd allan i hela. Ar y wal uwchben y lle tân yn ei bwthyn, roedd cant naw deg o farciau, un marc am bob llwynog oedd wedi cael ei ddal ganddi. Roedd hi'n cadw pob math o gŵn – sbanielgwn, milgwn a daeargwn – ac roedd graen da ar bob un. Ond o'r cŵn i gyd, ei ffefryn oedd Ianto.

Fel arfer roedd Ianto'n gi ufudd iawn, ond un diwrnod, pan oedd Marged yn dadlwytho'r mwyn copr wrth y cei, fe benderfynodd fynd am dro i'r coed. Am le braf! Am arogleuon cyffrous! Roedd Ianto wrth ei fodd. Sniffiodd fan hyn a fan draw. Rhedodd ar ôl yr adar, a neidio i ddal y dail. Cyfarthodd ar y llygod chwim. Ymlaen ag o o goeden i goeden, gan sbecian i dyllau cwningod, a gwthio'i ben i wâl y mochyn daear. Roedd amser yn hedfan, ond doedd

Ianto ddim yn sylwi. Sylwodd o ddim ei fod ar goll chwaith, nes i'r haul ddechrau disgyn y tu ôl i'r mynyddoedd. Yna fe safodd yn stond, ac edrych o'i gwmpas. Ble roedd Marged?

Cyfarthodd Ianto'n uchel.

Atebodd neb.

Eisteddodd ar y llawr ac udo.

Atebodd neb.

Yn y pellter, ar lan y llyn, roedd Marged yn gofyn i bawb, "Ble mae Ianto? Welsoch chi Ianto?"

"Mi welais i gi bach yn diflannu i'r coed," meddai gwraig o'r diwedd. "Ond mae oriau ers hynny."

"Ianto! Ianto!" gwaeddodd Marged, ond er iddi floeddio ar dop ei llais, chlywodd Ianto ddim byd. Roedd o ar goll yng nghanol y coed.

Erbyn hyn roedd hi wedi amser swper, ac roedd ei fol yn cadw sŵn. Crafodd y ci bach y tu ôl i'w glust. Roedd yn rhaid iddo fynd i chwilio am fwyd! Dyna fyddai Marged wedi'i wneud.

Felly, fe gododd Ianto a mynd i chwilio am ei swper. Fe snwffiodd gwningod, ond fe ddihangon nhw i'w tyllau. Fe snwffiodd adar, ond fe hedfanon nhw i ffwrdd. Yna fe snwffiodd eto. Y tro hwn fe snwffiodd arogl blasus iawn, arogl oedd yn ei atgoffa o gegin Marged. Pan fyddai Marged yn coginio darn o gig, roedd o bob amser yn cael yr asgwrn i'w gnoi.

Dechreuodd Ianto redeg. Cyn hir roedd o'n gwibio drwy'r goedwig i gyfeiriad yr arogl. Gyda sbonc fe laniodd mewn llannerch, ac yno o'i flaen roedd bwthyn a'i ddrws led y pen ar agor. Rhedodd Ianto i fyny'r llwybr a sleifio dros y rhiniog.

Cyfarthodd yn uchel a chyffrous. Ar y bwrdd roedd plât, ac ar y plât roedd darn mawr sgleiniog o gig. Cyfarthodd Ianto eto, ond doedd neb o gwmpas, neb i weiddi: "Na, Ianto. Paid ti â meiddio!" Felly fe neidiodd Ianto ar gadair, codi'r cig yn ei geg a rhedeg allan o'r bwthyn. Roedd Ianto'n gi bach clyfar. Roedd o wedi dysgu i beidio â bwyta yn y tŷ, felly i ffwrdd ag o nerth ei draed i'r ardd gefn.

Roedd y darn cig mor fawr, fe gwympodd o'i geg a rholio ar hyd y llwybr. Rhedodd Ianto ar ei ôl, a'i lusgo i fan bach tawel yng nghanol y llysiau. Yna fe blannodd ei ddannedd yn y cig, a chnoi'n swnllyd a hapus.

Roedd o'n cnoi mor swnllyd, chlywodd o mo'r sŵn traed ar y llwybr. Chlywodd o mo'r plât yn clecian yn y gegin. Fe glywodd ryw sŵn wrth dalcen y tŷ, ond chymerodd o ddim sylw. Dal ati i gnoi oedd Ianto, pan gamodd dyn mawr i'r ardd gefn. Dal ati i gnoi oedd o, pan gaeodd dwy law fawr am ei wddw. Wrth i'w gorff lanio yn Llyn Padarn, disgynnodd ei gegaid olaf o gig i'r dŵr a nofio fel seren fôr ar y tonnau mân.

Yn y coed roedd Marged yn dal i chwilio, ac i weiddi.

"Ianto! Ianto bach! Ianto, ble wyt ti? Tyrd at Marged!"

Roedd hi bron â chyrraedd bwthyn Jac, pan redodd ias oer drwyddi. Drwy'r coed roedd hi wedi gweld corff bach yn nofio yn y llyn.

"Ianto!" gwaeddodd Marged, gan redeg ar ei hunion i'r dŵr a'i godi. Disgynnodd ei ben yn erbyn ei braich, a gwelodd fod ei wddw wedi'i dorri. Trodd ac edrych dros ei hysgwydd. Ar garreg drws ei fwthyn roedd Jac yn ei gwylio.

"Ti biau'r cnaf 'na?" gofynnodd Jac.

"Cnaf?" Rhoddodd Marged y ci bach i orwedd ar graig a cherddodd o'r llyn. "Ers pryd mae o'n gnaf?"

"Ers iddo fwyta fy swper i," chwyrnodd Jac.

"Dyna pam laddaist ti o?" meddai Marged, gan frasgamu tuag ato. "Byddwn i wedi talu pedair gwaith pris dy swper i ti."

"Meddet ti," snwffiodd Jac.

"Byddwn!" mynnodd Marged. "Dwi'n ddynes resymol a theg. Dwi'n gwybod bod fy nghi i wedi gwneud tro gwael â ti, ond doedd o ddim yn haeddu marw. Roedd o ar goll ac yn llwgu."

"Wel, wneith o ddim llwgu byth eto." Chwarddodd Jac a phoeri i gyfeiriad corff Ianto.

Gwasgodd Marged ei dyrnau'n dynn. Doedd hi ddim am golli'i thymer. Dim eto. "Mi dala i am dy swper di beth bynnag," meddai. "Ond bydd rhaid i ti dalu am fy nghi i."

"Pwy sy'n deud?" meddai Jac Mawr. Doedd arno ddim ofn Marged. Roedden nhw bron yr un taldra. Pan oedd o'n sefyll ar garreg y drws, roedd o'n fwy na hi ac yn medru edrych i lawr ei drwyn arni.

"Fi sy'n deud," meddai Marged.

"A pham ddylwn i wrando arnat ti?" snwffiodd Jac, gan droi'i gefn arni. "Dos i grafu!" gwaeddodd dros ei ysgwydd.

Mewn chwinc roedd Marged wedi cydio yn ei war a'i droi fel top. Eiliad yn unig cyn iddo ddisgyn yn glewt ar lawr, gwelodd Jac ddwrn mawr yn anelu amdano. Tra oedd o'n dal i riddfan, camodd Marged drosto. Yn nrôr y bwrdd fe gafodd ddigon o arian i dalu am y ci.

"Dyna ni. Rwyt ti wedi talu dy siâr rŵan," meddai, ac

ar ôl iddi gladdu Ianto bach yn y coed, adre â hi gan adael Jac i rwbio'r briw ar ei ên.

Petai Jac yn gall, fyddai o ddim wedi herio Marged. Fyddai neb arall wedi meiddio gwneud hynny. Yn ôl y sôn, roedd Marged wedi helpu i osod Pont Meibion, Nant Peris, yn ei lle. Tra oedd criw o ddynion ifainc yn stryffaglio i godi un pen o'r llechfaen enfawr, roedd Marged wedi codi'r pen arall ar ei phen ei hun, heb help. Fentrech chi ddim dadlau â dynes mor gref.

Roedd Marged yn iach yn ogystal ag yn gryf. Fe ddaliodd ati i reslo nes oedd hi dros 70 mlwydd oed. Yn ôl y pennill a gafodd ei gyfansoddi gan Sais lleol ar gyfer ei charreg fedd yn Nant Peris, roedd hi'n 92 oed pan fu farw, ond digon posib ei bod hi'n hŷn na hynny. Cred rhai ei bod hi wedi byw o 1696 hyd at 1801, ac felly'n 105 oed pan fu farw.

Peggy Evans yw ei henw ar y garreg fedd, gan mai Margaret Evans oedd ei henw bedydd.

> Here lies Peggy Evans who saw ninety two,
> Could wrestle, row, fiddle, and hunt a fox too,
> Could ring a sweet peal, as the neighbourhood tells,
> That would cheer your two ears – had there been any bells.
> Enjoyed rosy health in a lodging of straw,
> Commanded the saw pit, and wielded the saw.
> And though she's departed where you cannot find her,
> I know she has left a few sisters behind her.

Os yw'r pennill yn gywir, mae'n debyg bod yna ferched eraill, cyn gryfed â Marged, yn byw yn yr ardal. Ond doedd 'run ohonynt mor glyfar, mor benderfynol, nac mor dalentog â hi.

Petaech chi'n sgrifennu pennill am Marged, beth ddwedech chi amdani?